BEI GRIN MACHT SICH IHR WISSEN BEZAHLT

Bibliografische Information der Deutschen Nationalbibliothek:

Die Deutsche Bibliothek verzeichnet diese Publikation in der Deutschen National-
bibliografie; detaillierte bibliografische Daten sind im Internet über http://dnb.d-
nb.de/ abrufbar.

Impressum:

Copyright © 2010 GRIN Verlag, Open Publishing GmbH
Druck und Bindung: Books on Demand GmbH, Norderstedt Germany
ISBN: 9783640600083

Dieses Buch bei GRIN:

http://www.grin.com/de/e-book/149437/rational-choice-als-voraussetzung-fuer-
philip-pettits-theorie-institutioneller

Johanna Sailer

Rational Choice als Voraussetzung für Philip Pettits Theorie institutioneller Personen

GRIN Verlag

GRIN - Your knowledge has value

Der GRIN Verlag publiziert seit 1998 wissenschaftliche Arbeiten von Studenten, Hochschullehrern und anderen Akademikern als eBook und gedrucktes Buch. Die Verlagswebsite www.grin.com ist die ideale Plattform zur Veröffentlichung von Hausarbeiten, Abschlussarbeiten, wissenschaftlichen Aufsätzen, Dissertationen und Fachbüchern.

Besuchen Sie uns im Internet:

http://www.grin.com/

http://www.facebook.com/grincom

http://www.twitter.com/grin_com

TECHNISCHE
UNIVERSITÄT
DRESDEN

Fakultät Philosophie

Lehrstuhl Theoretische Philosophie
Wintersemester 2009/2010

Rational Choice als Voraussetzung für Philip Pettits Theorie institutioneller Personen

Proseminar: „Soziale Ontologie"

Autorin:
Johanna Sailer

Studienfächer: Philosophie | Germanistik
Fachsemester: 3 | 6

Inhaltsverzeichnis

1.Einleitung

Philip Pettit geht bei der Entwicklung seiner Theorie institutioneller Personen von rational handelnden Individuen aus, die sich immer darum bemühen werden, ihre Handlungen möglichst konsistent auszuführen. Seine Annahmen entnimmt der Philosoph der Rational Choice Theorie, die in Wirtschaft, Politik und Soziologie zur Anwendung kommt und vom Menschen als wirtschaftlich denkendes Individuum oder als 'homo oeconomicus' ausgeht. Der Mensch würde seine Handlungswahl immer in Hinblick auf den Nutzen treffen und Kollektive wie Staaten wären nur durch das egoistische Verhalten der Mitglieder erklärbar.

Pettit entwickelt ausgehend von dieser Theorie die Annahme, dass Kollektive einen eigenen Geist besitzen, der von dem seiner Mitglieder verschieden ist. Zwar behauptet Pettit nicht, dass Kollektive in bestimmten Fällen die gleichen Eigenschaften haben wie einzelne Individuen. Jedoch versucht er in seinem Essay „Gruppen mit einem eigenen Geist"[1] zu beweisen, dass bestimmte Kollektive unter gewissen Voraussetzungen dazu gezwungen sind, Vernunft zu kollektivieren. In diesem Fall seien Gruppen „autonome Entitäten [...], die institutionelle Personen konstituieren."[2]

In meiner Seminarbeit werde ich zu zeigen versuchen, welche Voraussetzungen Philip Pettit für das Vorhandensein institutioneller Personen nennt und seine Beweisführung hinsichtlich der Annahmen aus der Rational Choice Theorie näher untersuchen. Ich möchte diskutieren, inwiefern diese Art der Beweisführung tragbar ist, welche Alternativen möglich wären und ob die Theorie auch praktischen Wert besitzt.

2. Rational Choice

Die natürliche Person ist das ultimative Zentrum des Handelns, und wenn es für einen Menschen rational ist, im Namen eines Kollektivs zu handeln – das heißt, rational in dem Sinn, dass die relevanten Präferenzen maximiert werden –, dann ist es in Bezug auf die Präferenzen der natürlichen Person rational.[3] Der Begriff 'Rationalität' impliziert bei Pettit

---

1 Pettit, Philip: Gruppen mit einem eigenen Geist. In: Kollektive Intentionalität. Eine Debatte über die Grundlagen des Sozialen. Hg. von Bernhard Schmid und David P. Scheikard. Frankfurt am Main: Suhrkamp 2009 (Suhrkamp Taschenbuch Wissenschaft), Bd.1898 , S. 586-625.
2 Pettit, S.586.
3 Pettit, S.621.

weniger ein objektiv vorgegebenes Bestreben des Einzelnen nach Gemeinwohl gemäß der Ideenlehre von Platon und Aristoteles[4]. Er vertritt eher die Auffassung, dass eine Person rational handelt, wenn sie diejenigen Handlungen hinsichtlich eines Ziels ausführt, die zur Nutzenmaximierung beitragen können. Demzufolge geht Pettit von einem 'homo oeconomicus' bzw. dem 'RREEMM'[5] aus, wie er im 19. Jahrhundert von der neoklassischen Wirtschaftswissenschaft unter Einfluss von Adam Smiths Nationalökonomie konstituiert wurde. Gemäß der neoklassischen Theorie wird das Wirtschaftssubjekt vor der Ausführung seiner Handlung eine 'Präferenzordnung' erstellen und die bereitstehenden Güter vergleichen, um jenes Gut zu wählen, welches die größte Befriedigung verspricht.[6] Nach der Rational Choice Theorie des 20.Jahrhunderts ist es möglich, die rationale Wahlhandlung in Modellen vorauszusagen, da angenommen wird, dass das Verhalten einer Person konsistent ist und sie stets die nutzenbringendste Handlung präferiert.[7] In Rational Choice-Modellen wird als Handlungsmotiv ausschließlich Zweckrationalität berücksichtigt. Die anderen von Max Weber festgelegten Handlungsmotive – Werterationalität, Affekthandlungen oder Traditionshandlungen – existieren in dieser Theorie nicht.[8]

Mithilfe dieser Reduktion ist es möglich, Modelle zu erstellen, die „sozial[e] Verhältnisse, Ereignisse und Institutionen einzig und allein aus den einzelnen Individuen und ihren Eigenschaften"[9] erklären.

Allerdings schließt die Theorie nicht aus, dass auch die soziale Struktur Einfluss auf das Individuum nehmen kann. Gemäß Colemans soziologischer Erklärung, sind Subjekte zwar Träger des Geschehens, allerdings ist festzustellen, „dass die soziale Struktur die individuelle Situationsinterpretation deutlich beeinflusst."[10] Wie eine Person handelt, ist also von der Situation abhängig, in der sie sich befindet und zu der sie sich rational verhält. Die Situation innerhalb der SPD ist für deren Mitglieder eine andere als für die der CDU, sodass sie unterschiedliche Entscheidungen zu unterschiedlichen Themen fällen werden. Die Einstellungen der SPD-Mitglieder hinsichtlich religiöser Debatten dürfte eine andere sein, als die der CDU. Ebenso

---

4 vergl. Braun, Dietmar: Theorien rationalen Handelns in der Politikwissenschaft. Eine kritische Einführung.Opladen: Leske + Budrich 1999 (Grundwissen Politik), Bd. 25, S.29.
5 Der 'RREEMM' entspricht der Subjekttheorie des Rational Choice-Ansatzes, welche von einem „resourceful, restricted, evaluating, expecting, maximazing man" ausgeht. Der 'RREEMM' kann als Weiterentwicklung des 'homo oecologicus' gesehen werden.
6 Vergl. Braun, S.31f.
7 Vergl., Braun, S. 33.
8 Vergl. Braun, S.34ff.
9 Braun, S.42.
10 Hill, Paul B.: Rational-Choice-Theorie. Bielefeld: Transcript Verlag 2002 (Soziologische Themen),Band ?, S.25.

verfolgt die CDU möglicherweise andere Parteiziele bezüglich Einwanderungsfragen, als ihre sozialdemokratischen Gegenspieler.

3. Pettits Beweisführung

3.1 Das diskursive Dilemma

Philip Pettit überträgt die Subjekttheorie der Rational Choice-Theorie auf Kollektive. Ebenso wie der Einzelne, würde es auch Kollektive geben, die rational handeln: „[Z]ielorientiert[e] Gruppen [...], die eine spezifische Funktion zu erfüllen haben" und Gruppen, die „mit einem besonderen Ziel verbunden sind, das die Außenwelt oder die Gruppenmitglieder oder vielleicht eine Mischung von beiden betrifft"[11], würden Vernunft kollektivieren. Ein Beispiel eines solchen „integrierten Kollektivs"[12] sei eine politische Partei. Diese würde bei Gesetzesdiskussionen immer so handeln, dass für das Kollektiv der größte Nutzen zustande kommt. Ein Nutzen einer Partei könnte beispielsweise die Gewinnung neuer Wählerstimmen sein. Die Partei hätte das gemeinsame Ziel zu wachsen und ihre Macht und Popularität zu maximieren und würde zu diesem Anlass nach Pettit unter dem Zwang stehen, Situationen zu vermeiden, die dem gemeinsamen Zweck im Weg stehen. Die Partei müsse ein „glaubwürdiger Beförderer ihres angenommen Ziels"[13] sein, um ernst genommen zu werden. Dies gilt im Beispiel der politischen Partei sowohl für das gemeinsame Ziel, eine Partei voranzubringen, als auch für die jeweiligen Ziele, die beispielsweise im Parteiprogramm festgelegt werden. Um glaubwürdig zu sein, von der Außenwelt ernst genommen zu werden und somit die Wählerschaft zu maximieren, müsse das integrierte Kollektiv bei der Entscheidung ihrer Urteile Konsistenz und Kohärenz bewahren. Das heißt, dass innerhalb eines gewissen zeitlichen Verlaufs, beispielsweise innerhalb einer Legislaturperiode, eine Partei möglichst selten ihren Urteilen widersprechen dürfe. Es müsse also immer auf frühere Urteile zurückblicken, bevor ein neues Urteil gefällt wird.[14]

Das diskursive Dilemma bestehe in diesem Fall darin, dass die Partei ein Urteil nicht aufgrund der Auffassung ihrer Mitglieder fällt, sondern hinsichtlich der früheren Urteile, welche eine Antwort des aktuellen Urteils logisch vorgeben. Die Konklusion

---

11 Pettit, S.599.
12 Pettit, S.602.
13 Pettit, S.601.
14 vergl. Ebd.

ist möglicherweise mit der Meinung der Mitglieder nicht vereinbar, doch die Prämissen, die über einen Zeitraum hinweg getätigt wurden, spiegeln die Meinung des Kollektivs wieder. Man kann davon ausgehen, dass eine Partei also eine Entscheidung treffen muss, um ihr Gesicht zu wahren, ohne dass die Mehrzahl der Mitglieder mit dem aktuellen Urteil konform gehen würde.

Philip Pettit gibt ein Beispiel vor, in dem eine Partei über die Erhöhung von Regierungsausgaben abstimmen soll.[15] Falls diese Partei zuvor angekündigt hat die Steuern zu senken und die Verteidigungskosten zu erhöhen, wäre es widersprüchlich, auch sonstige Ausgaben zu erhöhen. Eine Partei müsse also dem Widerspruch entgehen, indem sie „zulass[e], dass Urteile aus der Vergangenheit als befürwortete Prämissen dienen, die spätere Festlegungen vorgeben."[16] Eine Abstimmung über Regierungsausgaben wäre in diesem Beispiel nicht nötig, da aus den Urteilen zu den Steuererhöhungen und den Verteidigungsausgaben bereits ein logischer Schluss folge.

Das das hier skizzierte diskursive Dilemma auch praktische Bewandtnis hat, zeigt das 2009 gegebene Wahlversprechen der CDU, die Steuern zu senken.[17] Um Wählerstimmen zu gewinnen wird ein Versprechen gemacht, welches offensichtlich mit den Meinungen der einzelnen Mitglieder nicht konform geht.[18] Doch ein Rückzug würde den Ruf der Partei schaden, sodass die CDU theoretisch gezwungen ist, ihre Versprechungen zu halten.

3.2 Institutionelle Personen

Anhand des diskursiven Dilemmas wird ersichtlich, dass „integrierte Kollektive" wie Parteien andere Urteile fällen können, als ihre Mitglieder: Die Entscheidungen werden prämissenzentriert und nicht konklusionszentriert getroffen. Die prämissenzentrierte Auswertung eines Urteils erfolgt nach dem Modes Ponens. Das heißt, dass die Prämissen, die innerhalb eines bestimmten Zeitraums gefällt wurden, das Urteil bestimmen und keine „Empfänglichkeit für die Ansichten der individuellen

---

15 Vergl. Pettit, S.602.
16 Pettit, S.603.
17 ala/AP/ddp/dpa : Letzte Reserven, alte Probleme. http://www.focus.de/politik/deutschland/wahlen-2009/wahlkampf-endspurt-letzte-reserven-alte-parolen_aid_438700.html. Online Focus 2009 (28.03.2010).
18 dpa, apn : CDU will in nächster Zeit keine großen Steuerentlastungen. http://nachrichten.t-online.de/ruettgers-gegen-steuersenkungen-in-diesem-jahr/id_41110850/index. T-Online Nachrichten 2010 (28.03.2010).

Mitglieder"[19] gegeben ist, wie es bei dem konklusionszentrierten Verfahren der Fall wäre. Wenn das Kollektiv eine Entscheidung A trifft und eine neue Entscheidung B logisch aus A folgt, dann muss das integrierte Kollektiv die Entscheidung B fällen, „wenn es eine gewisse rationale Einheit aufweis[en]"[20] und ernst genommen werden will.

Da also das Kollektiv andere Urteile fälle als seine einzelnen Mitglieder, müsse das Kollektiv ein von seinen Mitgliedern verschiedenen Geist haben und in anderer Weise intentional handeln.

Demzufolge sei ein zielorientiertes Kollektiv als intentionale Person zu beschreiben, da es ebenso wie eine natürliche Person über Intentionen verfügt, konsistente Handlungsentscheidungen trifft und Überlegungen anstellt.[21]

Mit dieser These unterscheidet sich Pettit von einigen Rational Choice-Theoretikern, die wahrscheinlich ähnlich wie der von Pettit kritisierte Anthony Quinton davon ausgehen würden, „dass die Zuschreibung von Urteilen, Absichten und Ähnlichem an soziale Gruppen nur ein Weg ist, sie summativ den Individuen in diesen Gruppen zuzuschreiben."[22] Ebenso wie Margaret Gilbert, John Searle oder Annette Baier scheint Pettit allerdings die Auffassung zu vertreten, dass Gruppen einen eigenen Geist besäßen, ohne damit zu behaupten, dass das Kollektiv ein vom Subjekt unabhängiges Leben führen kann, wie es die methodologischen Kollektivisten behaupten würden.[23] Mehrmals betont er in seinem Aufsatz, dass er „kein ontologisches Mysterium" postulieren wolle und sein Argument „mit der Supervenienzthese vereinbar"[24] wäre.

Wieso nimmt Pettit nun an, dass eine zielorientierte Gruppe, welche Vernunft kollektiviert, nicht nur als intentionale Person, sondern auch als institutionelle Person bezeichnet werden kann?

Eine institutionelle Person wäre in der Lage, Verantwortung für ihr Handeln zu übernehmen, da sie dieses als ihr eigenes anerkennt und ist deshalb offen für Kritik.[25] Dies gilt allerdings nur für Gruppen, die Vernunft kollektivieren, da sie dann, ebenso wie natürliche Personen, Aussagen treffen, die ihnen zugeordnet werden können. Institutionelle Personen bekennen sich zu ihren Urteilen und Intentionen und

---

19 Pettit, S.597.
20 Pettit, S.606.
21 Pettit, S.607.
22 Pettit, S.604.
23 Vergl. Hill, S.21.
24 Pettit, S.611.
25 Vergl. Pettit, S.613.

sprechen von sich als eine „Wir"-Einheit, ebenso wie natürliche Personen von sich in der „Ich"-Form sprechen und sich somit mit ihren Handlungen identifizieren.[26] Gruppen, welche Vernunft nicht kollektivieren und nicht über Absichten diskutieren, können ebenso wenig für ihr Handeln verantwortlich gemacht werden, wie natürliche Personen, die keine Vorüberlegungen anstellen, bevor sie handeln. Deshalb gelten für Affekthandlungen, die beispielsweise aufgrund von Drogeneinfluss oder aufgrund einer psychischen Krankheit hervorgerufen werden können, vor Gericht auch mildere Strafen. Ebenso wie der Einzelne bei psychischer Beeinträchtigung nicht verantwortlich gemacht werden kann, weil sein Handeln ihm nicht bewusst war, wird ein Kollektiv nur dann für sein Handeln verantwortlich gemacht, wenn es aus einer rationalen Einheit besteht. Die Kritik erfolgt durch die einzelnen Mitglieder des Kollektivs, „[s]ie sind rational vereinheitlichende und zugleich rational vereinheitlichte Subjekte"[27]. Damit entgeht Pettit dem Fehlschluss, dass auch eine Gesellschaft einen eigenen Geist besitzen könne, da die Gesellschaftsmitglieder nach seiner Theorie nicht Verantwortung für das Kollektiv übernehmen können, sondern nur für ihr individuelles Handeln, welches wiederum konsistent sein kann. Pettit überträgt nicht ausnahmslos Eigenschaften der Mikroebene auf die Makroebene, sondern trifft Unterschiede in der Beschaffenheit natürlicher und institutioneller Personen.„Institutionelle Personen bilden ihre Kollektivgeister nur in Bezug auf eine beschränkte Bandbreite von Aspekten, die damit zu tun hat, zur Verfolgung welches Zweckes sie organisiert werden."[28] Institutionelle Personen haben im Gegensatz zu natürlichen Personen nach Pettit keine „Wahrnehmung, Erinnerung oder Empfindung oder sogar […] Überzeugungen oder Wünsch[e]"[29]. Sie seien Personen, in Bezug auf ihre gemeinsame Intentionalität und ihre konsistenten, kohärenten Verhaltensweisen.

4. Alternative Ansätze

Pettit betont, dass Theorien der Philosophen, die Bedingungen für die Existenz eines Gruppengeistes durch die Annahme „ein[es] Netz[es] wechselseitigen Gewahrseins"[30] zwischen den Gruppenmitgliedern aufzuzeigen versuchen, nicht

---

26 Vergl. Pettit, S.616.
27 Pettit, S.617.
28 Pettit, S.618.
29 Ebd.
30 Pettit, S.605.

vollständig ist. Die Bedingung wechselseitigen Gewahrseins würde gewährleisten, dass die Mitglieder eines Kollektivs sich als solche anerkennen und beabsichtigen, gemeinsame Absichten hinsichtlich eines Ziels zu verfolgen.[31] Da Philip Pettit im Gegensatz zu den anderen Philosophen davon ausgeht, dass die Gruppenmitglieder rational handelnde Personen sind, muss in seiner Argumentation die Bedingung hinzugefügt werden, dass Gruppen so wie natürliche Personen eine „rationale Einheit" aufweisen[32], um einen eigenen Geist zu konstituieren.

Philosophen wie Searle, Gilbert, Beier oder Bratman, die sich wie Pettit mit der kollektiven Intentionalität beschäftigt haben, gehen nicht davon aus, dass der Einzelne in der Gruppe auf eine gewisse Weise handelt, ausschließlich, um seinen Nutzen zu maximieren. Möglicherweise gehen sie der Rational Choice-Theorie aus dem Weg, weil „das Alltagsphänomen «Koordination» mit den begrifflichen Mitteln des ökonomischen Verhaltensmodells gar nicht erklärt werden kann"[33], wie es der Soziologe und Philosoph Bernhard Schmid begründet. Die Theorie würde nicht gewährleisten, dass zwei Personen A und B ihre Handlungen so koordinieren, dass sie sich gegenseitig nicht behindern, da sie nicht wüssten, wie der andere handele und dementsprechend erst einer handeln müsste, bevor der andere eine rationale Entscheidung treffen könne. Dies stehe jedoch mit der Vorstellung eines 'homo oeconomicus' im Widerspruch, da dieser immer erst entscheiden müsse, welche Handlung er präferiere, bevor er eine Wahl trifft.[34]

Meiner Meinung nach hat diese Problematik für Pettits Argumentation wenig Relevanz, weil seine Theorie sich ausschließlich auf intentionale Gruppen bezieht, die ein gemeinsames Ziel verfolgen und sich dessen bewusst sind. Er geht davon aus, dass die Gruppe vor einer Entscheidung „eine offene Diskussion"[35] führen wird, um alle möglichen Handlungen durchzugehen. Dem Aggregat, welches aus zwei Fahrradfahrern besteht, die auf einander zu fahren und sich entscheiden müssen, ob sie die Spur wechseln oder weiterfahren, ist diese Art von Diskussion nicht möglich und sie würden aus Pettits Theorie herausfallen. Außerdem berücksichtigt Pettit die Möglichkeit, dass nicht alle Mitglieder eines Kollektivs immer an einer Diskussion

31 Vergl. Pettit. S.605.
32 Vergl. Pettit, S.606.
33 Schmid, Bernhard: Koordinationsprobleme: Die Verkehrstauglichkeit des «Homo oeconomicus». In: Neue Züricher Zeitung vom 02.06.2001, S.81. [Zitiert aus http://www.amazon.de/Geist-Sprache-Gesellschaft-Philosophie-wissenschaft/dp/3518292706/ref=sr_1_1?ie=UTF8&s=books&qid=1269985569&sr=8-1, 29.03.2010).
34 Vergl Ebd.
35 Pettit, S.600.

oder Abstimmung beteiligt sein müssen. Trotzdem kann eine rationale Einheit der Gruppe durch Ausstieg oder Anfechtung der Urteile derer, die nicht abstimmen, weiter gewährleistet sein[36].

5. Zusammenfassung

Philip Pettit bemüht sich in seiner Theorie institutioneller Personen darum, dass seine Ansätze praktische Bewandtnis besitzen und schließt deshalb metaphysische Annahmen aus. Seine „Zutaten [stammen] allesamt aus strenger und nüchterner Analyse"[37] und bieten Möglichkeiten der Anwendbarkeit in Soziologie und Politik. Es ist ein riskantes Unterfangen, einen Kollektivgeist analytisch nachzuweisen. Hierzu bedient er sich im Gegensatz zu beispielsweise Searle und Bratmann der Rational Choice Theorie und fügt die Bedingung hinzu, dass Gruppen eine rationale Einheit bilden müssen, damit ihnen ein Kollektivgeist zugeschrieben werden kann. Diese Einheit läge ausschließlich bei Gruppen vor, die einen gemeinsamen Zweck verfolgen und gezwungen sind, Vernunft zu kollektivieren. Als Beispiel hierfür nannte er die politische Partei, welche oft mit dem diskursiven Dilemma konfrontiert ist und sie in den meisten Fällen für das prämissenzentrierte Verfahren entscheiden müsse, um nach Außen Glaubwürdigkeit zu bewahren. Da die Wahl eines prämissenzentrierten Verfahrens bei einem Kollektiv allerdings impliziert, dass sich Ansichten der einzelnen Mitglieder zu aktuellen Urteilen von den „Kollektivurteilen" unterscheiden, folgert Pettit, dass diese Gruppen einen eigenen Geist besitzen. Man kann von einer Gruppe als institutionelle Person sprechen, wenn sie Verantwortung für ihre Handlung übernehmen kann. Dies sei bei integrierten Gruppen wie politischen Parteien der Fall, weil sie rational handeln. „Person" definiert Philip Pettit demzufolge hinsichtlich ihrer Konsistenz und Kontiguität. Damit schließt er aus, dass eine Person beispielsweise aus Nächstenliebe handelt. Diese Eingrenzung halte ich für seine Theorie allerdings für weniger problematisch, weil Kollektive wie politische Parteien auch praktisch mit dieser Art von Handlungsmotivation nicht konfrontiert sein dürften.

---

36 Vergl. S.618f.
37 Pettit, S.586.

6. Bibliographie

ala/AP/ddp/dpa : Letzte Reserven, alte Probleme.
http://www.focus.de/politik/deutschland/wahlen-2009/wahlkampf-endspurt-letzte-reserven-alte-parolen_aid_438700.html. Online Focus 2009 (28.03.2010).

Braun, Dietmar: Theorien rationalen Handelns in der Politikwissenschaft. Eine kritische Einführung. Opladen: Leske + Budrich 1999. [=Grundwissen Politik, Band 25].

dpa, apn : CDU will in nächster Zeit keine großen Steuerentlastungen. http://nachrichten.t-online.de/ruettgers-gegen-steuersenkungen-in-diesem-jahr/id_41110850/index. T-Online Nachrichten 2010 (28.03.2010).

Hill, Paul B.: Rational-Choice-Theorie. Bielefeld: Transcript Verlag 2002. [=Soziologische Themen, Band ?].

Pettit, Philip: Gruppen mit einem eigenen Geist. In: Bernhard Schmid und David P. Scheikard (Hg.): Kollektive Intentionalität. Eine Debatte über die Grundlagen des Sozialen. Frankfurt am Main: Suhrkamp 2009, S. 586-625. [=Suhrkamp Taschenbuch Wissenschaft, Band 1898].

Schmid, Bernhard: Koordinationsprobleme: Die Verkehrstauglichkeit des «Homo oeconomicus». In: Neue Züricher Zeitung vom 02.06.2001, S.81. [Zitiert aus http://www.amazon.de/Geist-Sprache-Gesellschaft-Philosophie-wissenschaft/dp/3518292706/ref=sr_1_1?ie=UTF8&s=books&qid=1269985569&sr=8-1, 29.03.2010).